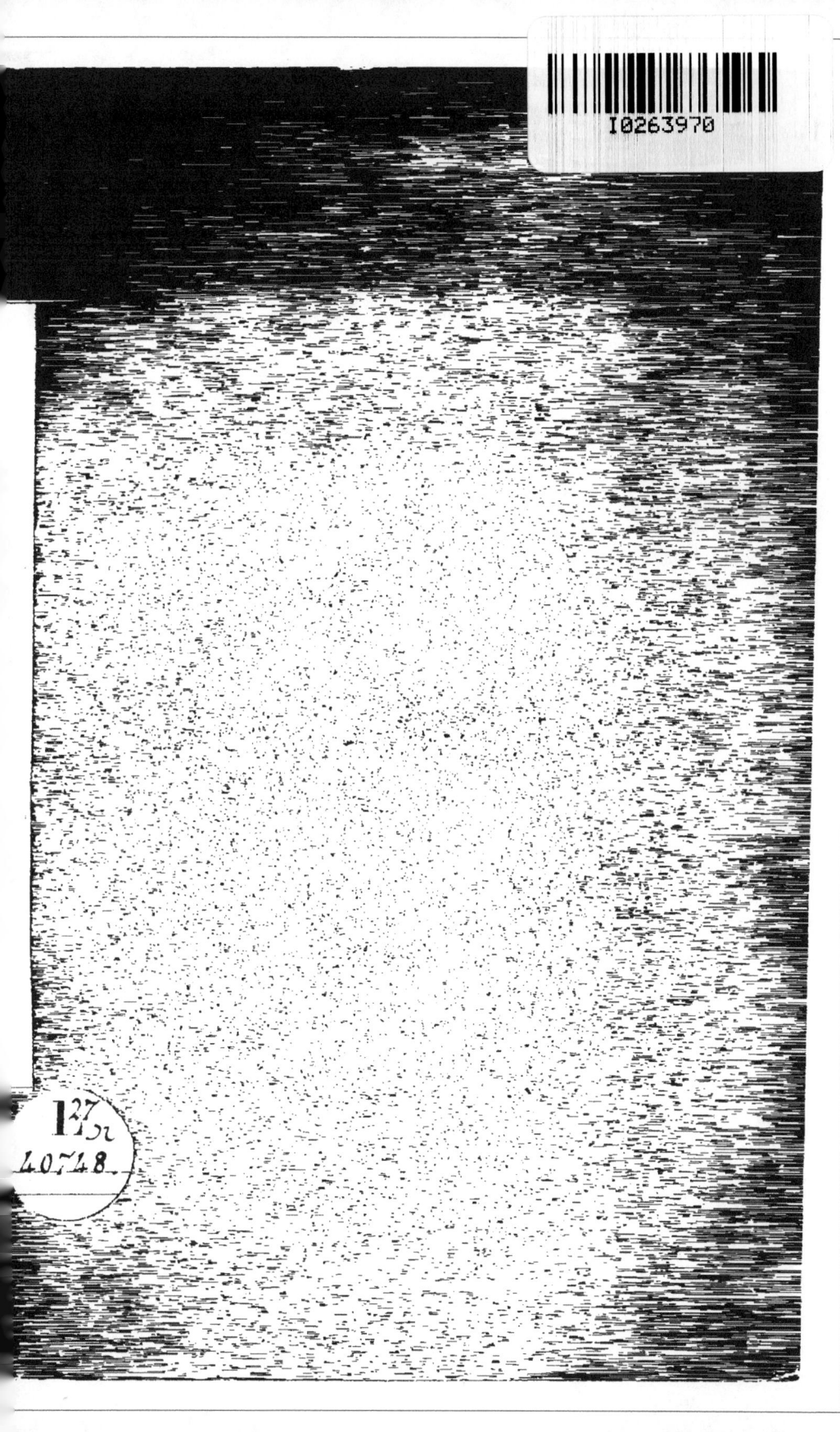

CONSTITUTION — JANVIER 1892

EXPOSÉ DES TITRES
ET TRAVAUX SCIENTIFIQUES
Du Dr C. MOREL

G. STEINHEIL, Éditeur

CONCOURS D'AGRÉGATION. — JANVIER 1892
SECTION DE MÉDECINE ET DE MÉDECINE LÉGALE.

TITRES
ET TRAVAUX SCIENTIFIQUES
Du Dr Charles MOREL

PARIS
G. STEINHEIL, ÉDITEUR
2, rue Casimir-Delavigne, 2

1892

I

TITRES SCIENTIFIQUES

INTERNE DES HÔPITAUX DE PARIS — 1887-1891

MEMBRE DE LA SOCIÉTÉ ANATOMIQUE

CHEF DES TRAVAUX D'ANATOMIE PATHOLOGIQUE A LA FACULTÉ
DE MÉDECINE DE TOULOUSE

MÉDECIN DES HÔPITAUX DE TOULOUSE
(Nommé 1er au Concours. — 1891.)

TRAVAUX SCIENTIFIQUES

I

Broncho-Pneumonies de la Rougeole

(*Bulletins de la Société anatomique*, 20 juin 1890, et *Gazette médico-chirurgicale de Toulouse*, 1891.)

La broncho-pneumonie morbilleuse est due à une infection secondaire par le streptocoque. On trouve ce micro-organisme dans les foyers lobulaires ; il y existe souvent seul, à l'état de pureté, parfois associé à des staphylocoques, à des bacilles encapsulés de Friedlander. Cette infection du poumon par le streptocoque se fait de haut en bas, en suivant les divisions bronchiques, pour envahir tardivement enfin les alvéoles pulmonaires. Jamais on ne voit de micro-organismes dans les vaisseaux sanguins ; on trouve exceptionnellement quelques rares chaînettes dans les lymphatiques.

La marche de la broncho-pneumonie morbilleuse est souvent très lente : les enfants ne succombent parfois que trois, quatre semaines après l'apparition des signes pulmonaires. Souvent, dans ces cas, les nodules péribronchiques sont petits, durs et simulent les granulations tuberculeuses pulmonaires.

M. Mosny (*Revue des Maladies de l'Enfance* et *Thèse de Doctorat* (1891) a montré lui aussi que la broncho-pneumonie lobulaire était due à l'infection du poumon par le streptocoque.

II

Érysipèle des nouveau-nés

(*Bulletins de la Société anatomique*, janvier 1891.)

On doit réserver le nom d'érysipèle des nouveau-nés, à l'érysipèle qui débute autour de l'ombilic, dans la période de la vie qui s'étend de la chute du cordon, à la cicatrisation complète de la plaie ombilicale.

Cette affection a une marche très rapide : en deux ou trois jours les plaques érysipélateuses s'étendent sur le tronc, sur les membres ; la mort en est la terminaison presque constante.

L'érysipèle des nouveau-nés reconnait pour cause l'infection de la plaie ombilicale par le streptocoque. Dans tous les cas, en effet, on trouve ce micro-organisme.

1º Dans le sang. — Mais dans le sang, les chainettes sont toujours en très petit nombre, on ne peut guère les déceler que par les cultures ;

2º Dans les téguments, au niveau des plaques érysipélateuses.

En ces points les lésions diffèrent considérablement des lésions qu'on observe dans l'érysipèle des adultes. Chez le nouveau-né, sur les coupes de la peau, on ne voit au niveau du derme que quelques très rares chaînettes. Les streptocoques se montrent, au contraire, en extrême abondance dans la couche sous-cutanée, surtout dans ses parties les plus profondes. A ce niveau, en effet, les espaces lymphatiques sont distendus, injectés par des amas considérables de micro-organismes.

La présence de ces microbes, la distension des espaces lymphatiques sont les seules modifications qu'on trouve au niveau des plaques érysipélateuses chez le nouveau-né ; on ne voit pas, en effet, même aux points où pendant la vie la rougeur était le plus intense, d'infiltration leucocytique comme dans l'érysipèle des adultes ; les phénomènes de diapédèse manquent complètement.

C'est là très probablement ce qui explique la gravité de cet érysipèle ; la faiblesse du nouveau-né l'empêchant de réagir, de se défendre contre l'infection microbienne.

Avant notre travail, les lésions de l'érysipèle des nouveaunés n'avaient, à notre connaissance, été étudiées que d'une manière très incomplète.

III

Infection cancéreuse des ganglions inguinaux dans le cancer de l'estomac

(*Observation XXIX de la Thèse de* BELIN. 1888).

Les ganglions inguinaux du côté gauche formaient une

tumeur ayant environ le volume d'une mandarine ; les ganglions du cou, de l'aisselle étaient normaux. La propagation avait dû se faire par l'intermédiaire des ganglions mésentériques, qui étaient tous cancéreux.

Cette dégénérescence cancéreuse des ganglions inguinaux dans le cancer de l'estomac est une lésion rare. M. Belin dans sa thèse n'a pu en réunir que quatre cas.

IV

Eruption scarlatiniforme d'origine septique

(*Observation publiée in Thèse de* LAUMET, 1887).

V

Lésions du foie dans l'éclampsie avec ictère
(en collaboration avec M. PILLIET).

Bulletins de la Société anatomique, 25 avril 1890.

Le foie est hypertrophié, sa surface lisse au toucher, présente disséminées sur ses deux faces de nombreuses taches d'un rouge carmin. Chacune d'elles a environ 1 m.m. à 1 m.m. 1/2 de diamètre. Agglomérées les unes à côté des autres, cohérentes, elles forment par leur réunion des ilots plus ou moins grands. Dans leur intervalle, le foie offre une coloration jaune-pâle-chamois.

On trouve des lésions analogues disséminées dans toute l'épaisseur du parenchyme.

Le foie est dur, sa consistance rappelle celle du foie amyloïde ; il présente une odeur tout à fait spéciale, se rapprochant de l'odeur de l'acétone.

Sur les coupes, examinées à un faible grossissement, on est surtout frappé par la présence d'énormes dilatations capillaires ; elles siègent autour des espaces portes et au voisinage des fissures de Kiernan. Ces dilatations capillaires ont une forme parfaitement arrondie ; aussi les foyers constitués par leur réunion, ont-ils un contour découpé, limité du côté des cellules hépatiques par une série de convexités. Ces capillaires ectasiés sont remplis de globules rouges, tassés les uns contre les autres ; les globules blancs y sont très peu nombreux.

Telles sont les lésions qu'on observe lorsque les dilatations capillaires ne forment par leur réunion que des îlots peu étendus : lorsque les foyers qu'elles constituent sont plus volumineux, on trouve toujours à leur périphérie l'aspect que nous venons de décrire ; mais à leur centre, on voit un réseau d'aspect fibrillaire, formé par de la fibrine. Les mailles de ce réseau, en s'entrecroisant, limitent des alvéoles irrégulières dans lesquelles on trouve des noyaux et des cellules hépatiques extrêmement déformées.

En examinant la périphérie de ces foyers, il est possible de se rendre compte des altérations que subissent les cellules hépatiques au voisinage des capillaires dilatés : les unes sont simplement refoulées, déformées et se présentent sous la forme d'un croissant appliqué à la périphérie des ampoules vasculaires, — d'autres sont plus atrophiées, leur protoplasma est absolument clair, on n'y voit plus aucune granulation — beaucoup enfin sont complètement ratatinées et sans noyau.

En d'autres points, on trouve des amas plus ou moins volumineux, à contours diffus, formés par des cellules hépatiques présentant tous les caractères de la nécrose de coagulation.

Quelle est la nature de ces lésions ? — On pourrait penser qu'il s'agit là d'altéraions d'origine microbienne; leur distribution en une série de petits foyers siégeant à la périphérie du lobule rappelle l'aspect du foie infectieux tel qu'on l'observe dans la septico-pyohémie, par exemple. Mais ni par les cultures, ni par l'examen microscopique, nous n'avons pu y trouver de micro-organismes; en outre, dans le foie infectieux on n'observe par les ectasies capillaires énormes qui caractérisent le foie éclamptique. Peut-être ces dilatations capillaires sont-elles dues à une vaso-dilatation des vaisseaux portes, vaso-dilatation produite par un réflexe ayant son point de départ dans l'utérus ; on sait, en effet, que M. Affanassiew, par la section des nerfs du foie, a pu obtenir des dilatations des capillaires hépatiques, dilatations qui présentent une certaine analogie avec celles que nous venons de décrire.

Depuis la publication de notre travail, MM. Papillon et Audain (*Bulletins de la Société anatomique*, 1891) et M. Bouffe (*Thèse de Doctorat*, 1891) ont retrouvé dans le foie éclamptique les lésions que nous avions signalées.

VI

Lésions des Ganglions lymphatiques dans la diphtérie

(*Bulletins de la Société anatomique.* — 1891)

VII

Contribution à l'étude de la diphtérie

Thèse de Doctorat. — 1891.

Nous avons examiné au point de vue de la présence du bacille de Klebs-Lœffler 118 cas d'angines. Nos recherches sur ce point confirment celles de MM. Roux et Yersin. Dans ce travail nous signalerons seulement, comme nous étant personnel, au point de vue clinique :

1º des observations d'*Angines hypertoxiques* dans lesquelles, en ensemençant le mucus buccal, nous avons pu isoler le bacille de Klebs-Lœffler avant l'apparition des fausses-membranes. Elles ont une certaine importance : au point de vue théorique, elles montreraient, si besoin en était encore, que la diphtérie n'est pas une maladie générale d'emblée, comme on l'avait dit autrefois; puisque, sans qu'il y ait encore de fausses membranes, lorsqu'apparaissent les phénomènes d'intoxication générale, on trouve déjà des bacilles virulents dans la bouche, — au point de vue pratique, elles montrent que l'examen bactériologique permet parfois de reconnaître la diphtérie avant l'apparition de l'exsudat et partant d'isoler plus tôt les enfants, qui en sont atteints.

2º des observations de *Laryngite dans la Rougeole* : Dans cette fièvre éruptive, la diphtérie apparaît souvent comme complication et, lorsqu'elle frappe d'emblée le larynx, il est extrêmement difficile de la différencier des laryngites morbilleuses. Dans quelques cas nous avons pu faire ce diagnostic en isolant le bacille de Klebs sur des tubes de sérum ensemencés avec le mucus amygdalien.

3° des observations d'*angines pseudo-diphtéritiques* dues très probablement à l'action du *streptocoque*. Cliniquement, elles présentent quelques caractères, qui permettent de les différencier de la diphtérie : Les fausses membranes sont déprimées, moins élevées que la surface libre de la muqueuse; celle-ci n'est pas tuméfiée, congestionnée; jamais enfin les enfants, qui en sont atteints, ne présentent ce faciès pâle, bouffi, tout à fait caractéristique, qui souvent dans les diphtéries graves permet à lui seul de faire le diagnostic.

Dans la deuxième partie de notre thèse, nous avons étudié une partie de l'anatomie pathologique de la diphtérie. Les lésions anatomiques qui la caractérisent peuvent se diviser en trois groupes :

1° La fausse membrane, produite par l'action directe du bacille de Klebs;

2° Les lésions des organes viscéraux, causées par la toxine diphtéritique ;

3° D'autres lésions enfin (telles que les suppurations ganglionnaires, les broncho-pneumonies) reconnaissant pour cause des infections secondaires.

Lésions du foie. — Les lésions du foie diphtéritique se rapprochent beaucoup des lésions qu'on trouve dans les autres maladies infectieuses; elles portent sur presque tous les éléments de l'organe.

Le processus débute par la dilatation des capillaires radiés, qui, dans tous les points du lobule, se montrent très dilatés; puis les cellules endothéliales de ces vaisseaux s'altèrent et présentent souvent dans leur intérieur de fines gouttelettes graisseuses.

Bientôt les cellules hépatiques elles-mêmes sont atteintes ; on voit dans leur protoplasma de la graisse en plus ou moins grande abondance ; toujours leur noyau reste intact.

Lorsque la mort ne survient pas rapidement, on trouve dans les points du lobule les plus atteints par l'infiltration graisseuse des amas de cellules embryonnaires : elles siègent à la fois dans l'intérieur des capillaires et entre la paroi propre de ces capillaires et la cellule hépatique.

Les canalicules biliaires sont plus rarement atteints : dans quelques cas pourtant, on observe une desquamation en bloc de leur épithélium.

Lésions du rein. — Tous les éléments du rein présentent des altérations plus ou moins intenses. Les anses glomérulaires sont extrêmement dilatées ; souvent autour des noyaux de leurs cellules endothéliales on voit de très fines gouttelettes graisseuses. — Les cellules de revêtement de la capsule de Bowmann sont tuméfiées, infiltrées de graisse — les cellules épithéliales des tubes contournés sont abrasées ; la lumière de ces tubes est remplie d'un exsudat finement granuleux — dans les tubes droits et les tubes contournés on trouve comme lésion unique de l'infiltration graisseuse des cellules épithéliales.

Système lymphatique. — Dans tous les cas de diphtéries, les ganglions lymphatiques de toute l'économie sont très hypertrophiés et cette hypertrophie est due à une augmentation de volume énorme de leurs follicules par une accumulation considérable de cellules embryonnaires. Les follicules lymphatiques de la rate, de l'intestin, des amygdales présentent des lésions tout à fait analogues.

Cette hypertrophie des follicules lymphatiques nous a paru liée à une hypergénèse active de leucocytes. Dans tous les cas de diphtérie, on observe une leucocytose très marquée. Cette leucocytose peut expliquer sans doute ce qui se passe quand on inocule des cultures virulentes aux animaux : loin de pulluler dans l'économie les bacilles disparaissent rapidement détruits par les leucocytes. Cette leucocytose explique peut-être aussi pourquoi M. Frankel, MM. Behring et Kitasato peuvent rendre des animaux insensibles à l'injection sous-cutanée de cultures virulentes, tandis que ces animaux se montrent aussi sensibles que les non-vaccinés à l'inoculation du bacille de Klebs sur les différentes muqueuses. C'est qu'en effet les procédés de vaccination de ces auteurs donnent probablement l'immunité en augmentant le pouvoir phago- cytaire des leucocytes, en leur permettant de détruire les bacilles injectés dans le tissu cellulaire avant que ceux-ci aient sécrété une quantité de toxine suffisante pour tuer l'animal. Cette suractivité donnée aux leucocytes reste, au contraire, tout à fait inutile lorsque la diphtérie est inoculée sur les muqueuses, puisque toujours dans ce cas les bacilles siègent véritablement en dehors de l'organisme, dans les couches les plus superficielles de la fausse membrane, là, où les phagocytes ne sauraient les atteindre.

Infections secondaires. — Les abcès péri-trachéaux, les suppurations ganglionnaires du cou, qui apparaissent dans le cours ou dans la convalescence de la diphtérie sont dues à des infections secondaires par des microbes pyogènes (streptocoques, staphylocoques). Jamais dans ces foyers purulents on ne trouve le bacille de Klebs.

Les broncho-pneumonies, qui sont si fréquentes dans le cours de la diphtérie, reconnaissent aussi pour cause une infection secondaire par le streptocoque ou le pneumocoque.

VIII

Note sur un cas de cancer de la vésicule biliaire simulant le cancer massif du foie.

(En collaboration avec M. DAUNIC.)

Gazette médico-chirurgicale de Toulouse. — 1891

La vésicule biliaire remplie de calculs était entourée par une énorme masse cancéreuse, descendant jusqu'à deux travers de doigt environ de l'épine iliaque antérieure et supérieure. Pendant la vie de la malade, la forme du foie, limitée par la percussion et la palpation, rappelait complètement la forme qu'affecte cet organe dans le cancer massif.

Deux signes permettent pourtant, nous pensons, de différencier ces cancers de la vésicule biliaire avec péritonite cancéreuse de voisinage du cancer primitif du foie :

1° *La douleur*. — En effet, pour que le cancer de la vésicule biliaire puisse simuler le cancer massif du foie, il faut qu'il se développe autour de la vésicule une énorme masse néoplasique; le péritoine est toujours atteint et toujours cette péritonite cancéreuse donne lieu, tout au moins à la pression, à une douleur extrêmement vive, douleur qui fait défaut dans le cancer massif;

2° *L'ictère.* — L'ictère est très rare dans le cancer primitif du foie, on l'observe, au contraire, presque constamment dans le cancer de la vésicule biliaire.

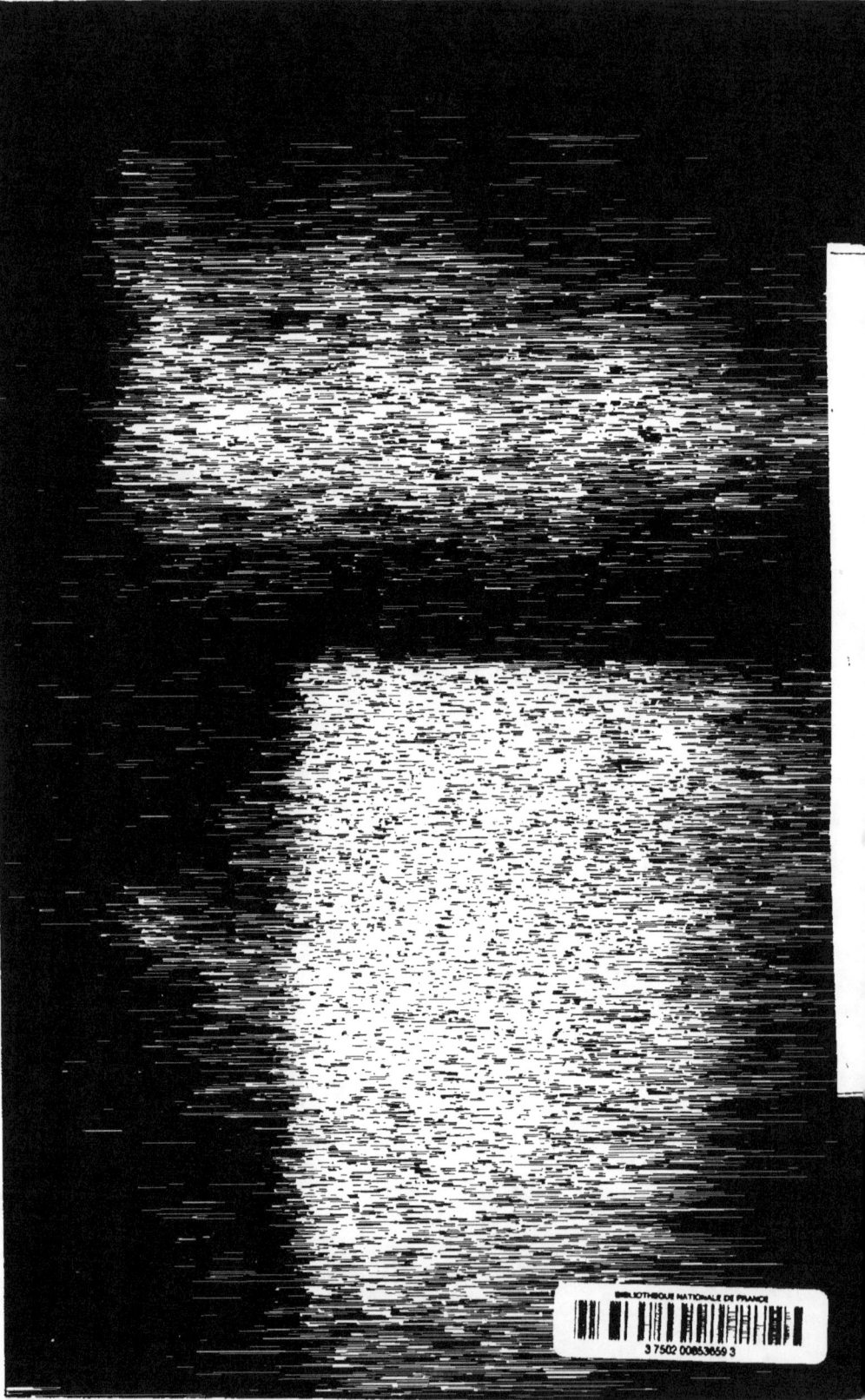

www.ingramcontent.com/pod-product-compliance
Lightning Source LLC
Chambersburg PA
CBHW060919050426
42453CB00010B/1814